un FILM SE CACHE DANS CETTE IMAGE

70 **ÉNIGMES GRAPHIQUES** POUR CINÉPHILES

Énigmes : Thomas Seban
Illustrations : Mathieu Persan

Tana
éditions

Pour Lucile, la fille cachée dans mes images.
T.S.

MATHIEU PERSAN THOMAS SEBAN

Un film se cache dans cette image

70 ÉNIGMES GRAPHIQUES POUR CINÉPHILES

ISBN : 979-1-03010-142-3
Dépôt légal : octobre 2016
Imprimé en Slovénie
Achevé d'imprimer en octobre 2016

Tana éditions, un département d'Édi8
12, avenue d'Italie
75013 Paris
Tél : 01 44 16 09 00
Fax : 01 44 16 09 01
Site de l'éditeur : www.tana.fr

70 images, 70 énigmes... 70 films à trouver !

Classiques du cinéma, succès populaires ou films plus rares, français ou étrangers, récents ou anciens... Pour trouver les soixante-dix longs-métrages qui se sont dissimulés dans les illustrations suivantes, il vous faudra piocher dans votre culture générale, mais surtout être malin et faire preuve d'une drôle de logique.

Pour cela, rien de plus simple : commencez par repérer les personnages ou objets principaux représentés dans l'image. À partir de là, creusez-vous les méninges : phonétique, synonymes, jeux de mots, rébus, associations d'idées... Vous devriez bientôt trouver le titre du film ! Si vraiment le mystère demeure, tournez la page pour découvrir la réponse.

Et vous pourrez vous dire alors : « J'aurais pu et j'aurais dû trouver ! »

Thomas Seban

LE PÈRE NOËL EST UNE ORDURE (1982)

Jean-Marie Poiré

LE CRABE TAMBOUR (1977)

Pierre Schoendoerffer

14

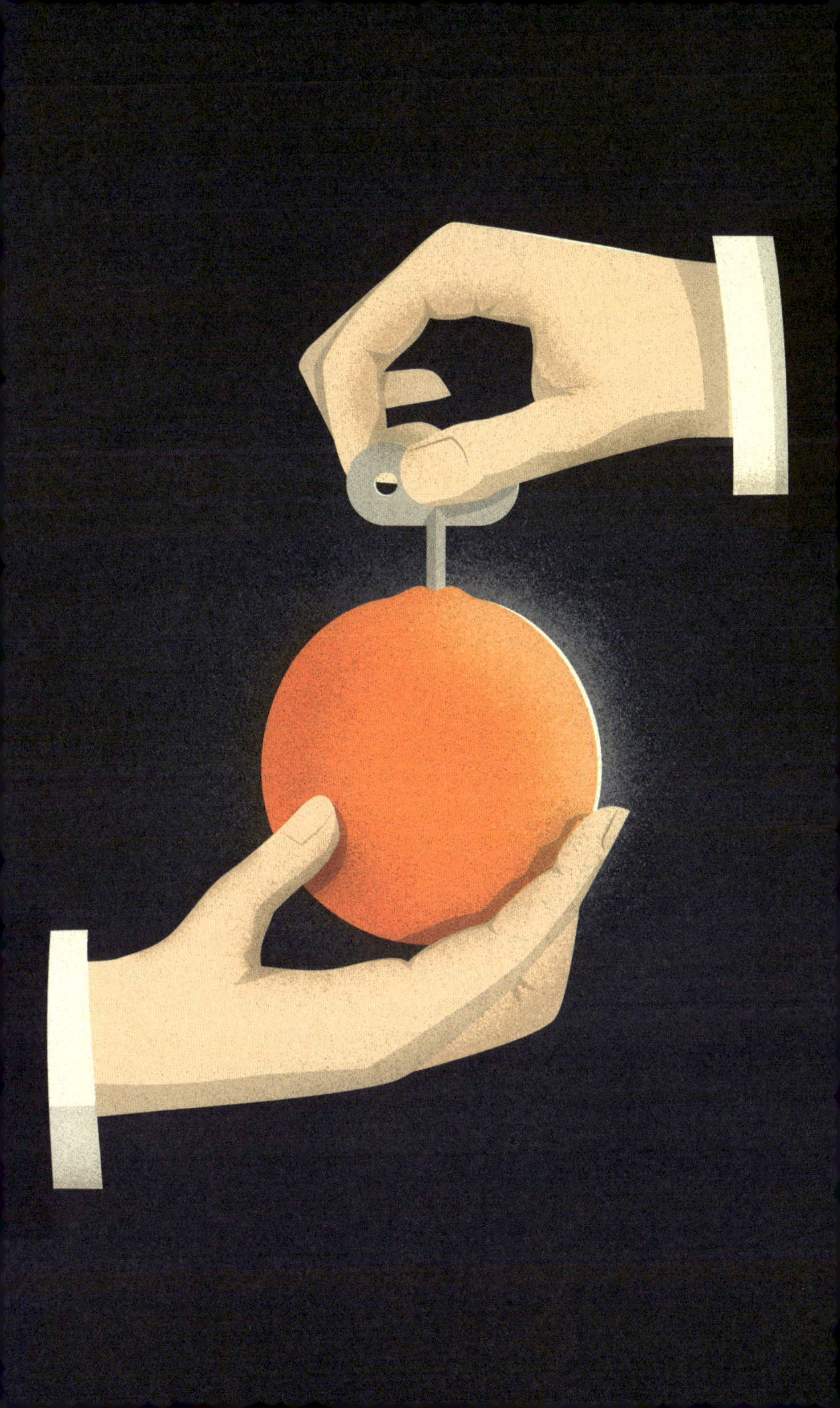

ORANGE MÉCANIQUE (1971)

Stanley Kubrick

7

JET SET (2004)

Fabien Onteniente

ET

GRAVITY (2013)

Alfonso Cuarón

IMMÉDIAT

DANGER IMMÉDIAT (1994)

Phillip Noyce

CINEMA
INTERLUDE
INTERLUDE
ENIGMES

HSAA

LRLYY

QUAND HARRY RENCONTRE SALLY (1989)

Rob Reiner

K

INCASSABLE (2000)

M. Night Shyamalan

_ _ _ LEUR

_ _ _ RAGE

_ _ _ RANT

_ _ _ TEAU

LES QUATRE CENTS COUPS (1959)

François Truffaut

on on on on on on on
on on on on on on on
on on on on on on on
on on on on on on on
on on on on on on on
on on on on on on on
on on on on on on on
on on on on on on on
on on on on on on on

LÉON (1994)

Luc Besson

LASSIE (2006)

Charles Sturridge

DANS SES YEUX (2009)

Juan José Campanella

VA VA
VA VA
VA VA
VA VA
VA VA

DIVA (1981)

Jean-Jacques Beineix

HEIN ?!?

UN INDIEN DANS LA VILLE (1994)

Hervé Palud

1948
1947
1946
1945
1944

LES ENCHAÎNÉS (1946)

Alfred Hitchcock

INDOCHINE (1992)

Régis Wargnier

CINEMA
INTERLUDE
?
INTERLUDE
ENIGMES

LA REINE DES NEIGES (2013)

Chris Buck et Jennifer Lee

10

LE DISTRAIT (1970)

Pierre Richard

metro

LE DERNIER MÉTRO (1980)

François Truffaut

CAR
CRASH
O.N.U

CASQUE BLEU (1994)

Gérard Jugnot

MOULIN ROUGE (2001)

Baz Luhrmann

COLLE BLANCHE - COLLE BLANCHE
COLLE STICK
1M
COLLE LIQUIDE

LE MAÎTRE D'ÉCOLE (1981)

Claude Berri

À NOS AMOURS (1983)

Maurice Pialat

LES FEUX DE LA RAMPE (1952)

Charlie Chaplin

CINEMA
INTERLUDE
INTERLUDE
ENIGMES

TIREZ SUR LE PIANISTE (1960)

François Truffaut

5
4
3
2
1
0
ELEVATOR

MÉLODIE EN SOUS-SOL (1963)

Henri Verneuil

CONSIGNE : reliez les 1 aux chats.

CHACUN CHERCHE SON CHAT (1996)

Cédric Klapisch

CASQUE D'OR (1952)

Jacques Becker

CINEMA
INTERLUDE
INTERLUDE
ENIGMES

LE GRAND SOMMEIL (1946)

Howard Hawks

JUIN
21
Eté
Lever : 5h46
Coucher : 21h47
Durée du jour : 16h10 (+0 min)

LE JOUR LE PLUS LONG (1962)

Ken Annakin et Andrew Marton

LES INFILTRÉS (2006)

Martin Scorsese

CINEMA
INTERLUDE
?
INTERLUDE
ENIGMES

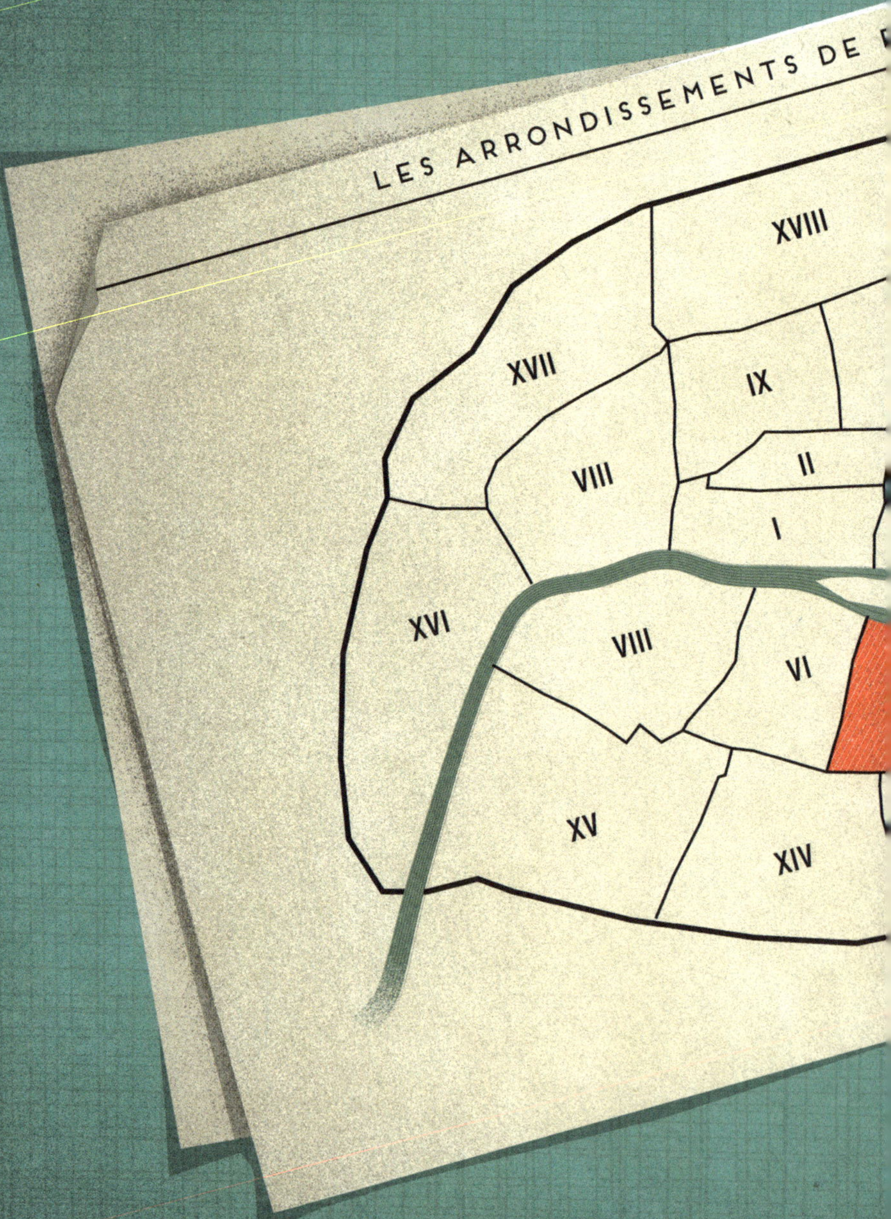
LES ARRONDISSEMENTS DE
XVIII
XVII
IX
VIII
II
I
XVI
VIII
VI
XV
XIV

IS
XIX
XX
XI
IV
XII
XIII

LE CINQUIÈME ÉLÉMENT (1997)

Luc Besson

ARAGONBAUDELAIREDUBELLAYRIMBAUDCOCTEAURONSARDVERLAINE

LE CERCLE DES POÈTES DISPARUS (1989)

Peter Weir

Sortie 1

METROPOLIS (1927)

Fritz Lang

CINEMA
INTERLUDE
?
INTERLUDE
ENIGMES

iMMO

RTL

DEMAIN NE MEURT JAMAIS (1997)

Roger Spottiswoode

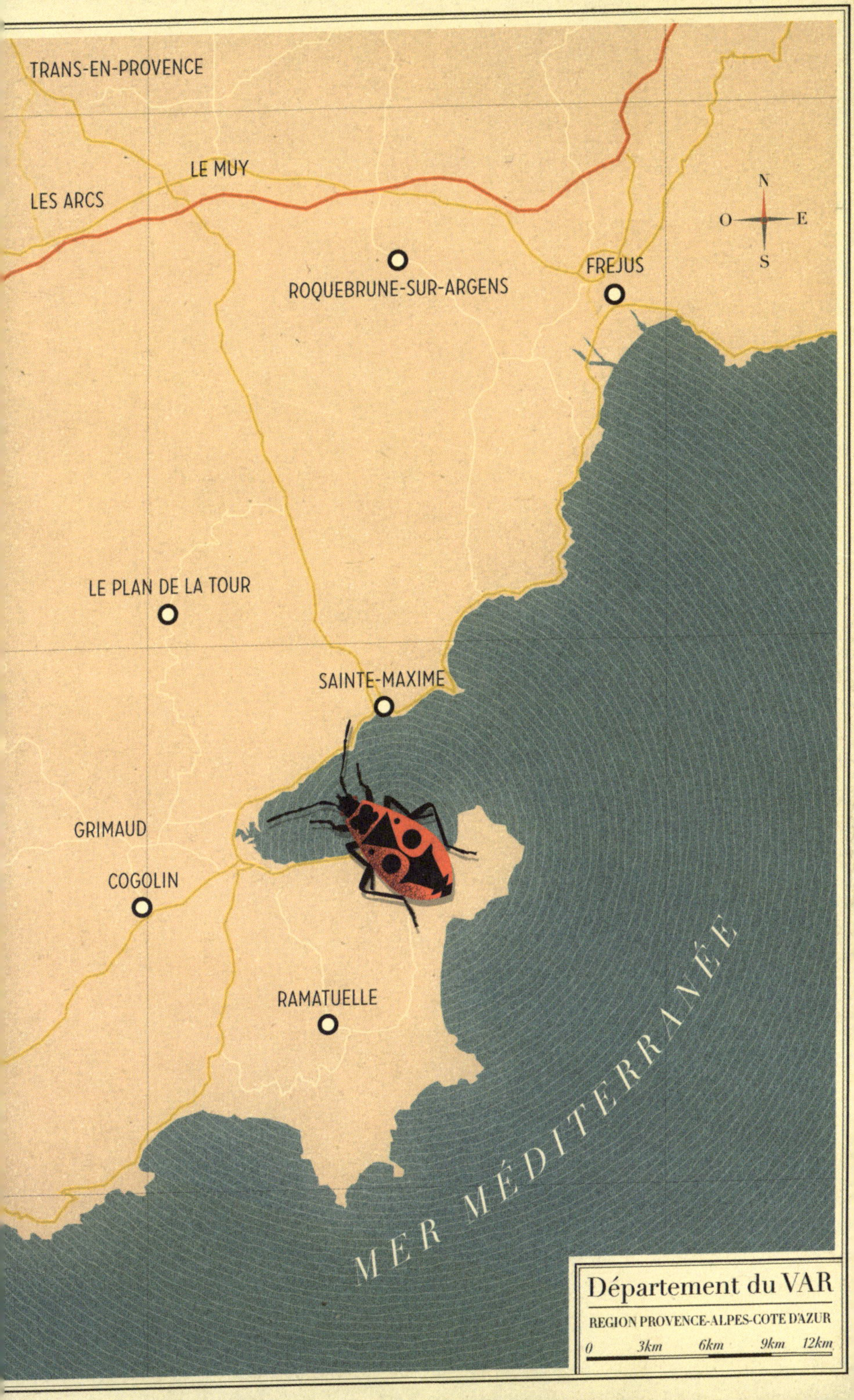
TRANS-EN-PROVENCE
LE MUY
LES ARCS
ROQUEBRUNE-SUR-ARGENS
FREJUS
N
O
E
S
LE PLAN DE LA TOUR
SAINTE-MAXIME
GRIMAUD
COGOLIN
RAMATUELLE
MER MÉDITERRANÉE
Département du VAR
REGION PROVENCE-ALPES-COTE D'AZUR
0 3km 6km 9km 12km

LE GENDARME DE SAINT-TROPEZ (1964)

Jean Girault

CINEMA
INTERLUDE
?
INTERLUDE
ENIGMES

L'EFFRONTÉE (1985)

Claude Miller

GREASE (1978)

Randal Kleiser

PURE
GOLD
PURE
GOLD

L'AURORE (1927)

Friedrich Wilhelm Murnau

MILLIONS (2005)

Danny Boyle

CINEMA
INTERLUDE
INTERLUDE
ENIGMES

THÉ

THÉ

L'ÉTÉ MEURTRIER (1983)

Jean Becker

CALIFORNIA
The Golden State!
PACIFIC OCEAN
SIERRA NEVADA
Sacramento
San Francisco
Yosemite Village
Fresno
Monterey
Death Valley
Bakersfield
MOJAVE DESERT
TOP SECRET
San Diego
31th STATE

L.A. CONFIDENTIAL (1997)

Curtis Hanson

Docteur SINÉ Phil
Ancien interne des Hôpitaux de Paris
1, avenue des Frères Lumière
75010 PARIS

Médicaments non substituables

1. **HUMPHREY BOGART** *(suppositoire)*
À prendre le matin en cas de manque de confiance en soi.

2. **AUDREY HEPBURN** *(baume)*
À la demande, en cas de douleurs.

3. **MARILYN MONROE** *(comprimé)*
À laisser fondre sous la langue en cas de crise d'angoisse.

4. **ALFRED HITCHCOCK** *(ampoule à injecter)*
À prendre le matin en cas de somnolence.

5. **LOUIS DE FUNES** *(comprimé effervescent)*
1 matin, midi et soir en cas de déprime passagère.

6. **BUSTER KEATON** *(solution buvable)*
Une cuillère matin et soir en cas de fatigue.

7. **GENE KELLY** *(gélule)*
En cas de déprime et d'averses fréquentes.
1 gélule par jour à avaler avec un verre d'eau de pluie.

SEPT MORTS SUR ORDONNANCE (1975)

Jacques Rouffio

CINEMA
INTERLUDE
?
INTERLUDE
ENIGMES

Nitrofear
LAF

rporation
EUR

LE SALAIRE DE LA PEUR (1953)

Henri-Georges Clouzot

CINEMA
INTERLUDE
INTERLUDE
ENIGMES

PSYCHOSE (1960)

Alfred Hitchcock

MOVIES

CINÉMA PARADISO (1988)

Giuseppe Tornatore

FANTÔMAS (1964)

André Hunebelle

CINEMA
INTERLUDE
?
INTERLUDE
ENIGMES

LES HOMMES PRÉFÈRENT LES BLONDES (1953)

Howard Hawks

b a f e
c d z i
g y q
n j k
h l r t p s
w x
o v u

M LE MAUDIT (1931)

Fritz Lang

CINEMA
INTERLUDE
INTERLUDE
ENIGMES

BIM
BAM

DE BRUIT ET DE FUREUR (1988)

Jean-Claude Brisseau

R

RAIN MAN (1988)

Barry Levinson

LE RETOUR DU JEDI (1983)

Richard Marquand

CINEMA
INTERLUDE
?
INTERLUDE
ENIGMES

SURE
Y

MENT

CASINO (1996)

Martin Scorsese

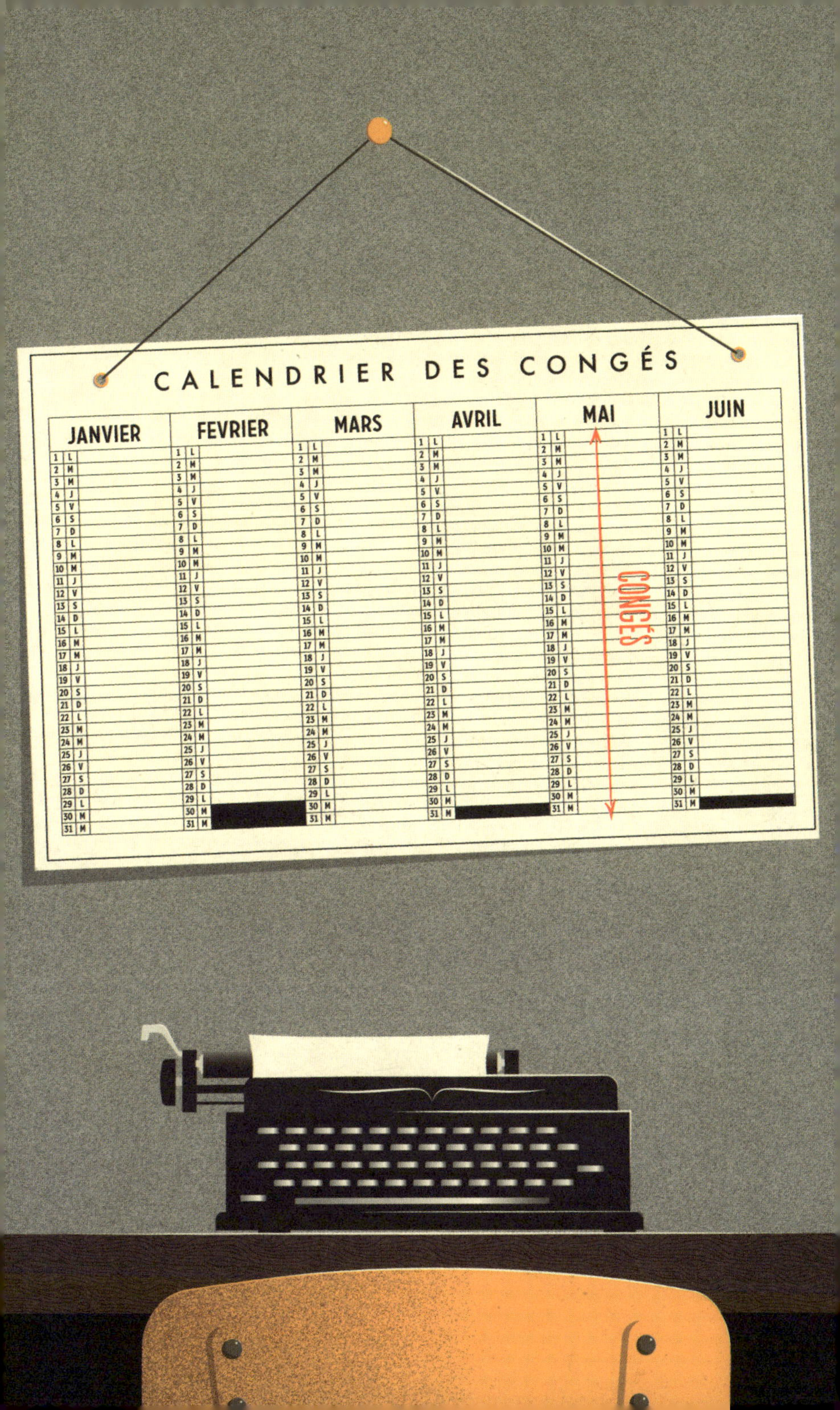

CALENDRIER DES CONGÉS
JANVIER
FEVRIER
MARS
AVRIL
MAI
JUIN
CONGÉS

LE MÉPRIS (1963)

Jean-Luc Godard

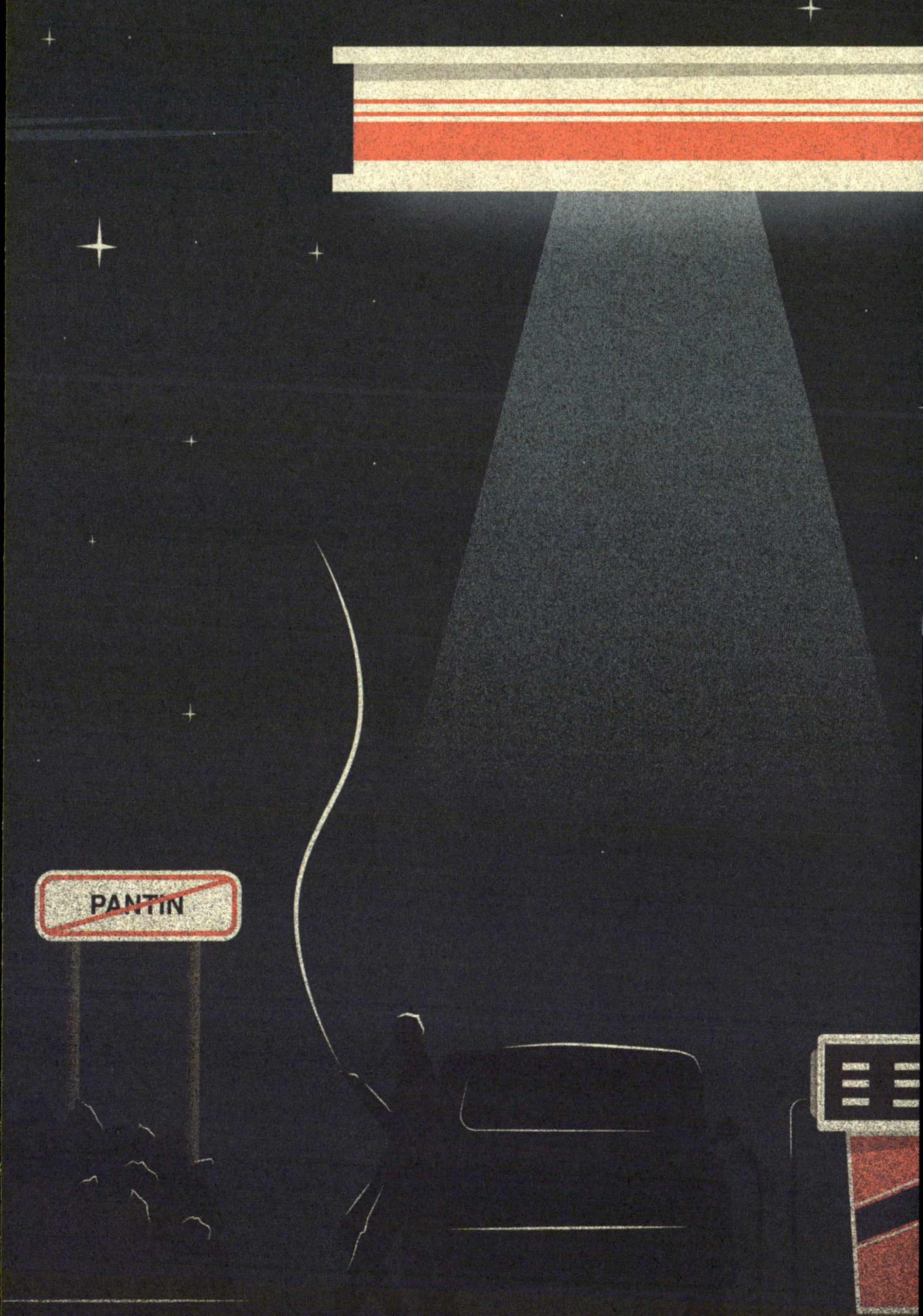
PANTIN

TCHAO PANTIN (1983)

Claude Berri

À MOI

MEMENTO (2001)

Christopher Nolan

CINEMA
INTERLUDE
?
INTERLUDE
ENIGMES

UNE PARTIE DE CAMPAGNE (1946)

Jean Renoir

LA COULEUR DES SENTIMENTS (2011)

Tate Taylor

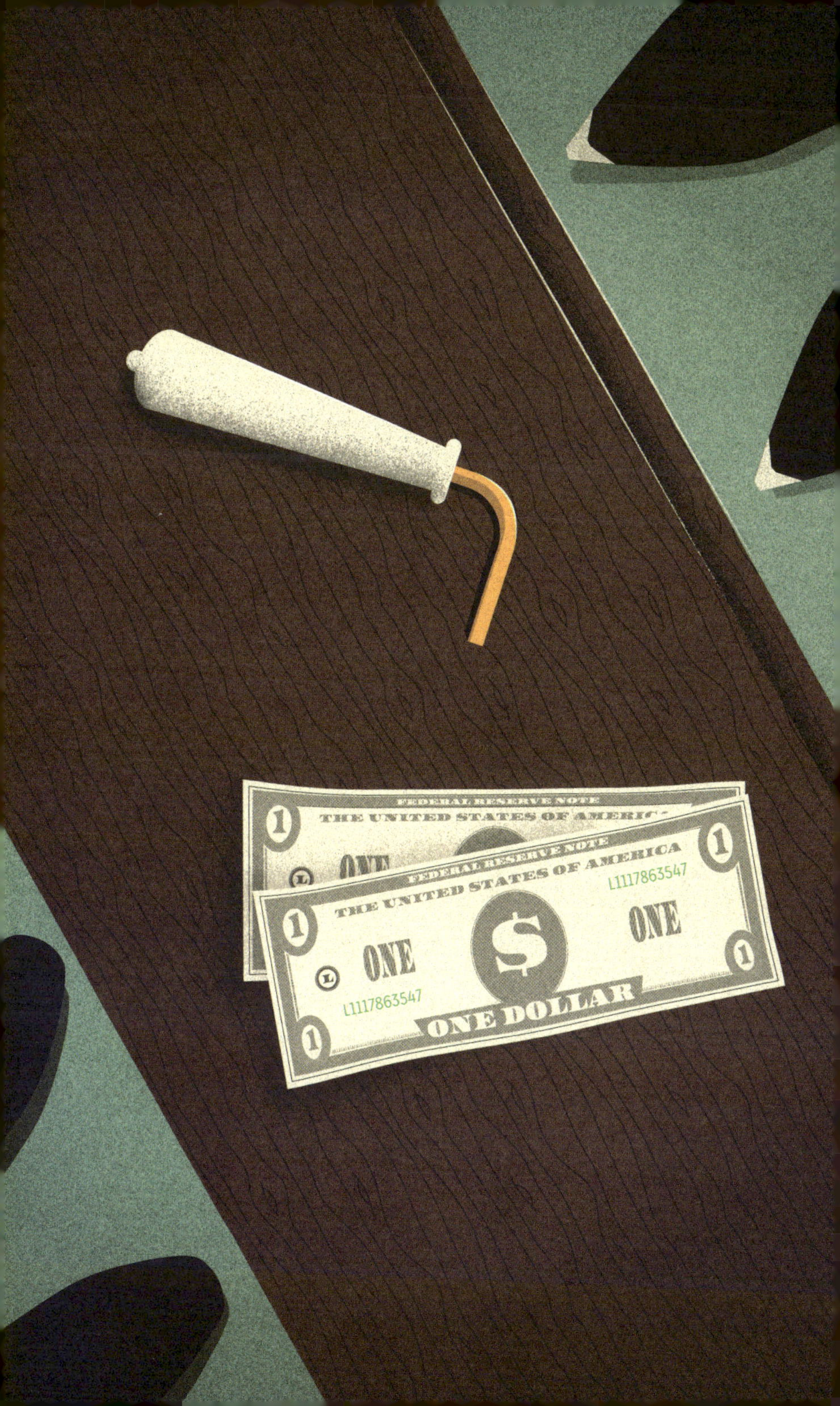
FEDERAL RESERVE NOTE
THE UNITED STATES OF AMERICA
ONE
FEDERAL RESERVE NOTE
THE UNITED STATES OF AMERICA
L1117863547
ONE
ONE
L1117863547
ONE DOLLAR

POUR UNE POIGNÉE DE DOLLARS (1964)

Sergio Leone

CINEMA
INTERLUDE
INTERLUDE
ENIGMES

ORE

LA NEUVIÈME PORTE (1999)

Roman Polanski

FORMULAIRE

à joindre impérativement à votre demande de sauf-conduit

- ☑ A
- ☑ B
- ☑ C
- ☑ D
- ☑ E
- ☑ F
- ☑ G
- ☑ H
- ☑ I
- ☑ J
- ☐ K
- ☑ L
- ☑ M
- ☑ N
- ☑ O
- ☑ P
- ☑ Q
- ☑ R
- ☑ S
- ☑ T
- ☑ U
- ☑ V
- ☑ W
- ☑ X
- ☑ Y
- ☑ Z

République Française

CASABLANCA (1942)

Michael Curtiz

Vendredi 30 juin

UN PROPHÈTE (2009)

Jacques Audiard

CINEMA
INTERLUDE
INTERLUDE
ENIGMES

DÉFENSE
OFF!
OFF!

’AFFICHER
OFF!
OFF!
ON!

LA CINQUIÈME COLONNE (1942)

Alfred Hitchcock

TROIS HOMMES ET UN COUFFIN (1985)

Coline Serreau

Lundi
Mardi
Mercredi
Jeudi
Vendredi
Samedi
Dimanche

SCOUT TOUJOURS (1985)

Gérard Jugnot

CINEMA
INTERLUDE
?
INTERLUDE
ENIGMES

LE PÉRIL JEUNE (1995)

Cédric Klapisch

SUEURS FROIDES (1958)

Alfred Hitchcock

CINEMA
INTERLUDE
INTERLUDE
ENIGMES

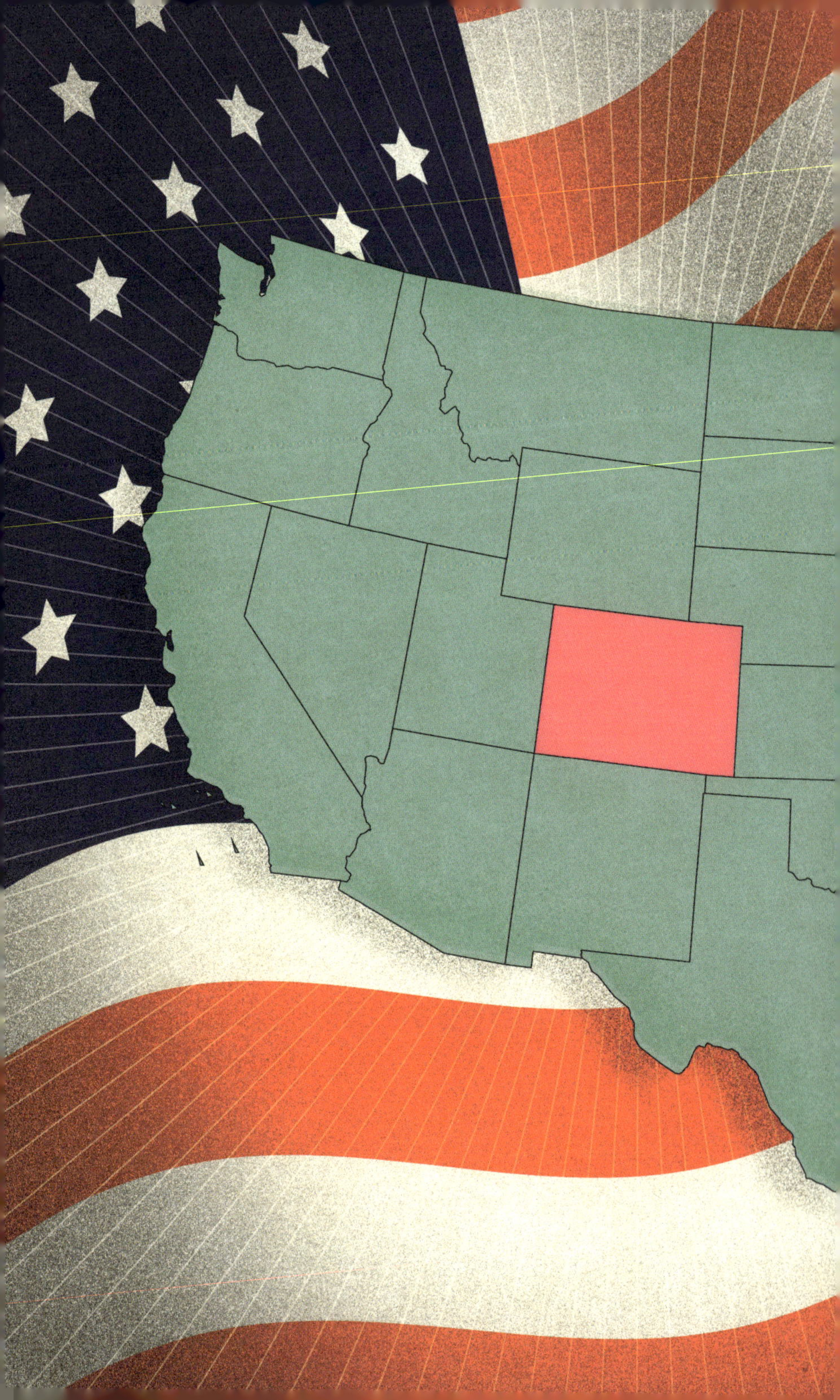

ROSETTA (1999)

Jean-Pierre Dardenne et Luc Dardenne

CINEMA
INTERLUDE
INTERLUDE
ENIGMES